目からウロコ
十字架の道行

祈りの学校校長
来《き》住《し》英俊 著

女子パウロ会

道行の祈りの究極は自分でテキストを書くことです。このテキストは、御受難会「黙想の家」（福岡、宝塚）にある野外の道行に設置されているレリーフの前で、何度も祈りながら、書いていったものです。

装丁　　　進む原田
十字架の道行レリーフ
中田ザビエル工房

第一留

イエス、死刑の宣告を受ける

先唱　主イエス・キリスト、あなたは尊い十字架と栄えある復活によって、世界を救ってくださいました。

一同　わたしたちはあなたを礼拝し、賛美します。

A　総督ピラトはイエスを群衆の前に引き出して、「見よ、この人を！」と言いました。惨めな姿を見せることによってイエスへの同情を呼び起こし、死刑を免れさせるためでした。しかし、神はピラトの口を通して、「十字架の道を歩むこの人を見よ、そこに救いへの道がある」と世々の人々に語られたのです。

B　主イエス・キリスト、あなたは苦しみの時を衆人環視の中で過ぎ越していかれました。私が自分の苦しみを真っ直ぐに受け止めようとするときにも、御父は世の人々に私を指し示して、「見よ、この人を！」

と言われます。私の体はくじけそうになっても、心は高く上げて歩んでいきます。

先唱　主イエス・キリスト、

一同　信仰の弱いわたしたちを助けてください。勇気をもってあなたの道を歩み、神と人々への愛に生きることができますように。アーメン。

第二留　イエス、十字架を担う

先唱　主イエス・キリスト、あなたは尊い十字架と栄えある復活によって、世界を救ってくださいました。

一同　わたしたちはあなたを礼拝し、賛美します。

A　兵士たちは、イエスに荒々しく十字架を押し付けました。その十字架を、イエスは手を伸ばして、柔和に受け取られました。そして、しっかりと肩に担われました。木の重さと角の痛みを体の中心で受け止めながら。

B　主イエス・キリスト、私はいつも、降りかかってくる重荷を、自分があまり痛まぬように受け流し、やり過ごそうとしてきました。しかし、これが神から自分にゆだねられた十字架であると悟ったときには、その重さと痛みを体の中心で受けます。そして、しっかりと歩んできます。

先唱　主イエス・キリスト、

一同　信仰の弱いわたしたちを助けてください。勇気をもってあなたの道を歩み、神と人々への愛に生きることができますように。アーメン。

第三留　イエス、初めて倒れる

先唱　主イエス・キリスト、あなたは尊い十字架と栄えある復活によって、世界を救ってくださいました。

一同　わたしたちはあなたを礼拝し、賛美します。

A　しっかりと担いだ十字架ですが、重いものはやはり重い。それに加えて、前夜からの尋問や拷問でイエスの体は疲れ果てています。ついに、地面にお倒れになりました。

B　主イエス・キリスト、地面にお倒れになったとき、あなたは何をご覧になったでしょうか。エルサレムの石畳、石ころや砂、その間からけなげに頭を出している小さな草が、目のすぐ前に迫って見えたのではないでしょうか。私も倒れたときには、今まで高みから見下ろしていた小さなものを、目のすぐ前に見ることでしょう。そして、今まで知らなかった美しさを知ることでしょう。

先唱　主イエス・キリスト、

一同　信仰の弱いわたしたちを助けてください。勇気をもってあなたの道を歩み、神と人々への愛に生きることができますように。アーメン。

第四留　イエス、聖母に会う

先唱　主イエス・キリスト、あなたは尊い十字架と栄えある復活によって、世界を救ってくださいました。

一同　わたしたちはあなたを礼拝し、賛美します。

A　十字架を担いで道を進むイエスの目に、道端に立ち、ご自分を見つめておられる聖母の姿が見えました。エルサレムの通りの喧騒《けんそう》の中で、聖母とイエスの目が合いました。

B　主イエス・キリスト、かつてカナの婚宴で、あなたは聖母に「私の時はまだ来ていません」と、謎めいたことを言われました。そして今、聖母は「息子よ、これがあなたの時なのですか」と目で語っておられます。私が自分の十字架の道を歩むときに、「これがあなたの時なのですね」と目で語りかけてくれる人があるでしょうか。もし、人間の中にいないとしても、主よ、あなたご自身が語りかけてくださるでしょう。

先唱　主イエス・キリスト、

一同　信仰の弱いわたしたちを助けてください。勇気をもってあなたの道を歩み、神と人々への愛に生きることができますように。アーメン。

第五留
イエス、クレネのシモンの助けを受ける

先唱　主イエス・キリスト、あなたは尊い十字架と栄えある復活によって、世界を救ってくださいました。

一同　わたしたちはあなたを礼拝し、賛美します。

A　イエスの足がもはや進まないのを見た兵士たちは、そこに居合わせたクレネのシモンに、イエスに代わって十字架を担わせました。憐れみのためか、早く面倒な任務を終わらせたかったからか。いずれにしても、シモンはさぞ迷惑と感じたことでしょう。しかし、心ならずもイエスと一緒に十字架を運んだシモンは、これを縁として、後に主の教会の一員となりました。

B　主イエス・キリスト、あなたは、私の荷を共に負ってくれる人を送ってくださいます。私に好意を持っているわけではなく、ただ押し付けられて運んでいるのかもしれません。しかし、私は、手を貸してくれる人に感謝します。あなたが送ってくださった人だからです。その人の人生にも思いを向け、恵みを祈ります。

先唱　主イエス・キリスト、

一同　信仰の弱いわたしたちを助けてください。勇気をもってあなたの道を歩み、神と人々への愛に生きることができますように。アーメン。

第六留
イエス、ベロニカより布を受け取る

先唱　主イエス・キリスト、あなたは尊い十字架と栄えある復活によって、世界を救ってくださいました。

一同　わたしたちはあなたを礼拝し、賛美します。

A　よろめきながら進むイエスの顔は、血と汗にまみれ、苦痛にゆがんでいます。意識さえぼんやりとしはじめたそのとき、イエスの目の前に白いハンカチが現われました。そして、その向こうに、気遣わしげな表情をした、善良な女性の顔が見えました。イエスはそのハンカチで顔をぬぐい、その布をお返しになりました。

B　主イエス・キリスト、あなたは、私がどんな状況の中でも、同情ある人に出会えることを教えてくださいました。彼女のしてくれることは小さなことですが、純粋な同情は心を癒やしてくれます。世や人々を恨まず、私に布を差し出してくれる人の優しさを見落とさず、彼女の上に神の祝福を願います。「憐れみ深い人々は幸いである。その人たちは憐れみを受ける」と書かれています。

先唱　主イエス・キリスト、

一同　信仰の弱いわたしたちを助けてください。勇気をもってあなたの道を歩み、神と人々への愛に生きることができますように。アーメン。

第七留　イエス、再び倒れる

先唱　主イエス・キリスト、あなたは尊い十字架と
栄えある復活によって、世界を救ってくださいました。

一同　わたしたちはあなたを礼拝し、賛美します。

Ａ　苦痛に顔をゆがめ、よろめきながら進むイエスを、群衆も激しくののしります。相手が無力な人だからこそ残酷に振る舞うのは、人間の本性なのでしょうか。十字架の重さと兵士たちの鞭《むち》に耐え切れず、イエスは力尽きて、再びお倒れになります。

Ｂ　主イエス・キリスト、あなたは、弟子たちと共に闘うこともできました。エルサレムを逃れて、もっと心優しい人々の間で働くこともできました。しかし、あえて嘲笑《ちょうしょう》と暴力を受ける、この道をお選びになりました。そして、お倒れになりました。それゆえ、私も倒れる

ことを恐れません。倒れることによって、あなたの御心を理解します。

先唱　主イエス・キリスト、

一同　信仰の弱いわたしたちを助けてください。勇気をもってあなたの道を歩み、神と人々への愛に生きることができますように。アーメン。

第八留
イエス、エルサレムの女性を慰める
（エルサレムの女性のために心を痛める）

（注）女性を慰めるという表現は、ルカ福音書の記事（23章27節～31節）に合っていないので、違うタイトルを提案している。

先唱　主イエス・キリスト、あなたは尊い十字架と栄えある復活によって、世界を救ってくださいました。

一同　わたしたちはあなたを礼拝し、賛美します。

A　ご自分を慕う女性たちが泣くのを見て、イエスはこう言われました。「エルサレムの娘たち、わたしのために泣くな。むしろ、自分と自分の子どもたちのために泣け」。ご自分の苦痛の絶頂にあって、イエスは出会った女性たちの人生の痛み、これから訪れる苦悩のために深く心を痛められました。

B　主イエス・キリスト、あなたは、自分の苦しみのただ中にあっても、縁あって出会う人の苦悩を知り、深く同情できることを教えてくださいました。自分の十字架の道を歩みながらも、周囲の人々にまなざしを注ぐことをやめません。共に心を痛めます。

先唱　主イエス・キリスト、

一同　信仰の弱いわたしたちを助けてください。勇気をもってあなたの道を歩み、神と人々への愛に生きることができますように。アーメン。

第九留　イエス、三度倒れる

先唱　主イエス・キリスト、あなたは尊い十字架と栄えある復活によって、世界を救ってくださいました。

一同　わたしたちはあなたを礼拝し、賛美します。

A　ゴルゴタの丘はもう目の前です。イエスの体からは、もはや最後の力も尽き果てたと見えました。そして、三度、お倒れになりました。しかし、イエスは今一度立ち上がり、御父のみ旨を行うために、最後の力を振り絞られます。

B　主イエス・キリスト、あなたは、三度倒れても立ち上がり、どこまでも救い主の使命を貫かれました。私も、「もういい。自分はここまでやったのだから」と倒れたままではいません。いつか必ず、もう一度立ち上がります。そして、自分の十字架の立つ場所まで歩み続けます。

先唱　主イエス・キリスト、

一同　信仰の弱いわたしたちを助けてください。勇気をもってあなたの道を歩み、神と人々への愛に生きることができますように。アーメン。

第十留
イエス、衣服をはぎ取られる

先唱　主イエス・キリスト、あなたは尊い十字架と栄えある復活によって、世界を救ってくださいました。

一同　わたしたちはあなたを礼拝し、賛美します。

A　イエスは、十字架につけられる前に、身につけておられた貧しい衣服をはぎ取られました。ユダヤ人の男性にとって、素肌を人前にさらすことはひどい屈辱です。まことの人であったイエスも、その屈辱を味わわれました。

B　主イエス・キリスト、私があたかも自分の一部であるかのように思っている物は、奪い取られうる物であることを、あなたは教えてくださいました。記憶さえも、病のために奪い取られることがあるのです。しかし、「愛だけは残る」ことも、あなたは、教えてくださいました。愛だけは失わないように、歩んでいきます。

先唱　主イエス・キリスト、

一同　信仰の弱いわたしたちを助けてください。勇気をもってあなたの道を歩み、神と人々への愛に生きることができますように。アーメン。

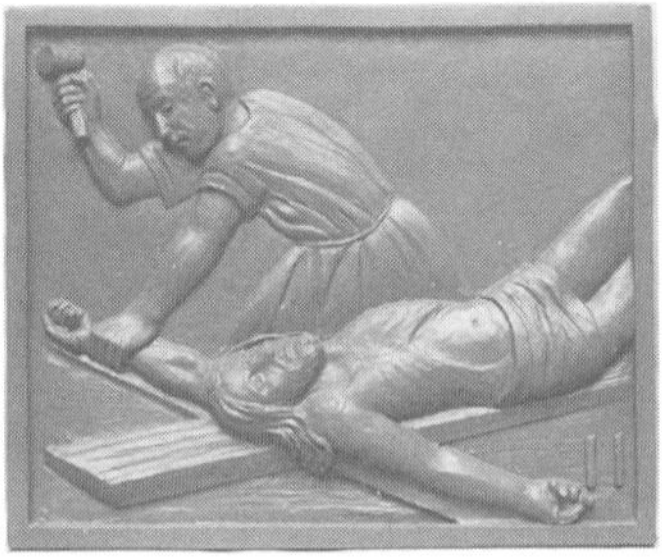

第十一留
イエス、十字架に釘づけられる

先唱　主イエス・キリスト、あなたは尊い十字架と栄えある復活によって、世界を救ってくださいました。

一同　わたしたちはあなたを礼拝し、賛美します。

A　イエスの手と足は、太い釘によって十字架に打ちつけられました。ガリラヤを自由に歩き回り、人々を教え、導き、癒やされた方は、今や、動けぬ者となりました。

B　主イエス・キリスト、あなたが救いの業を完成させるためには、動けぬ者、打たれる者となることが必要でした。私がその神秘を悟ることができますように。自分が動き回り、働きかけることが終わる「時」を悟ることができますように。ただ打たれる者、釘づけにされる者となる「時」を悟ることができますように。

先唱　主イエス・キリスト、

一同　信仰の弱いわたしたちを助けてください。勇気をもってあなたの道を歩み、神と人々への愛に生きることができますように。アーメン。

第十二留
イエス、十字架上で息を引き取る

先唱　主イエス・キリスト、あなたは尊い十字架と栄えある復活によって、世界を救ってくださいました。

一同　わたしたちはあなたを礼拝し、賛美します。

Ａ　ヨハネの福音によると、イエスは最後に、「成し遂げられた」と言い、頭を垂れて、息を御父に帰されました。十字架のすぐそばには、聖母と弟子のヨハネが立っていました。

Ｂ　主イエス・キリスト、いったい何が「成し遂げられた」のでしょうか。ゴルゴタの丘の後も、それ以前と同じように、世界には多くの苦悩があります。しかし、私は知っています。世界にある苦悩の量は減らなかったとしても、世界にある愛の量は確かに増えました。私が自分の十字架の道を歩み抜くとき、世界は静かに、しかし確かに変貌《へんぼう》すると、信じて歩みます。

先唱　主イエス・キリスト、

一同　信仰の弱いわたしたちを助けてください。勇気をもってあなたの道を歩み、神と人々への愛に生きることができますように。アーメン。

第十三留
イエス、十字架から降ろされる

先唱　主イエス・キリスト、あなたは尊い十字架と栄えある復活によって、世界を救ってくださいました。

一同　わたしたちはあなたを礼拝し、賛美します。

A　夕暮れになって、イエスの体は十字架から降ろされました。そして、聖母はその体をご自分のひざの上に抱かれました。死体は重いものです。イエスの体の重さをひざにずっしりと感じられたことでしょう。聖母が感じられた重さは、母が息子を失った苦悩の重さであり、また、救いの出来事の重さです。

B　主イエス・キリスト、私が自分の十字架の道を歩み切った後、私を十字架から降ろしてくれる人があるでしょうか。あの人が降ろしてくれるでしょう。あるいは、私があまり親しいとは思っていなかった人が、私の体をひざの上に抱き、その重さを感じ取ってくれるでしょう。

先唱　主イエス・キリスト、

一同　信仰の弱いわたしたちを助けてください。勇気をもってあなたの道を歩み、神と人々への愛に生きることができますように。アーメン。

第十四留　イエス、墓に葬られる

先唱　主イエス・キリスト、あなたは尊い十字架と栄えある復活によって、世界を救ってくださいました。

一同　わたしたちはあなたを礼拝し、賛美します。

A　イエスは墓に葬られました。葬った人の中に、ニコデモとアリマタヤのヨセフがいました。二人とも地位のある人で、イエスに心を寄せていました。しかし、イエスの生前は、人の目を恐れて、イエスとのつながりを公にしませんでした。その二人が、イエスが亡くなった今、恐れることを止めて、人々の目の前でイエスの葬りに参加しているのです。

B　主イエス・キリスト、あなたが十字架上の死を甘んじて受けられたことによって、復活を待たずに、すでに良いことが起こり始めています。あなたが横たわる墓の中は、暗い場所でありながら、同時に復活の予感が立ち上がりつつある場所でもあります。十字架の道を歩み終わった私も、あなたと共に、復活の時を待ちながら横たわります。

先唱　主イエス・キリスト、

一同　信仰の弱いわたしたちを助けてください。勇気をもってあなたの道を歩み、神と人々への愛に生きることができますように。アーメン。

＊「十字架の道行」を現代の信仰生活の中において理解し、意義づけるために、同じく来住英俊著の『十字架の道行再発見』（女子パウロ会発行）を合わせてお読みになることをお勧めいたします。

目からウロコ
十字架の道行

*

著　者　来住英俊
装　丁　進む原田
レリーフ　中田ザビエル工房
発行所　女子パウロ会
代表者　松岡陽子

〒107-0052　東京都港区赤坂8-12-42
Tel.(03)3479-3943　Fax.(03)3479-3944
webサイト　http://www.pauline.or.jp/
印刷所　富士リプロ株式会社
初版発行　2015 年 1 月25 日

ISBN978-4-7896-0751-3　C0016　NDC196